REZEPTE NELE POPKEN | FOTOS GRALF POPKEN | DESIGN ANKE WRAGGE

Schokolade

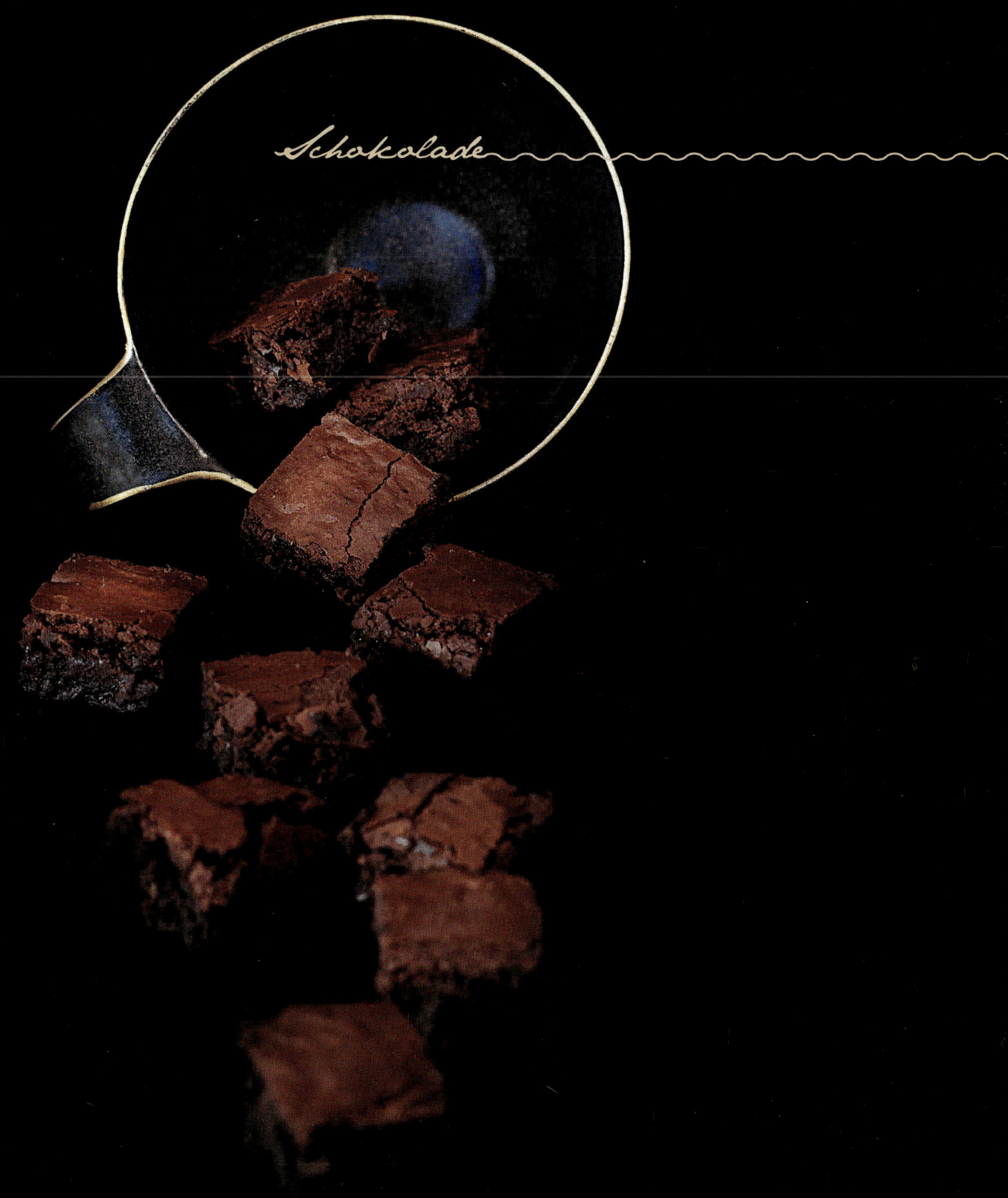

Ein Stück vom Glück

Manche Menschen haben eine Liste mit Lebensträumen.

Bei vielen sind es Fernreisen,

einige stellen sich vor sportliche Herausforderungen

und Nele hatte die Idee, ein Schokoladenkochbuch zu schreiben.

Als sie mir davon erzählte und mich bat, ein Vorwort zu verfassen,

war ich hocherfreut und sehr gespannt.

Und als ich dann die Rezepte las und die Fotos sah, konnte ich nur sagen:

Ja, das ist es! Das ist Neles Werk und eine Bestätigung,

dass sich Träume verwirklichen lassen!

Die Rezepte sind raffiniert und gehen gleichzeitig in der Umsetzung einfach von der Hand.

So viel Arbeit und Zeit kann nur jemand in ein Projekt stecken, der dafür brennt.

Und das tat in diesem Fall nicht nur der Herd, sondern auch die Köchin.

In Bruder Gralf fand sie den kongenialen Partner, um die Köstlichkeiten ins rechte Licht zu setzen

und in Freundin Anke eine professionelle Gestalterin von Wort und Bild.

Allen, die mit diesem Buch nun in ungeahnte Schokoladenwelten eintauchen,

viel Freude bei der Zubereitung und Begeisterung beim Genießen.

Vielen Dank, dass ich an Deiner Idee teilhaben durfte!

Ellen Dauelsberg

Um Loriot zu zitieren:
Ein Leben ohne Schokolade ist möglich, aber sinnlos.
Zumindest für mich.

Schokolade macht mich glücklich und gibt mir ein Gefühl von Geborgenheit, Zufriedenheit und Luxus.

Nachdem ich jahrelang davon geträumt habe, ein Kochbuch mit Schokoladenrezepten zu schreiben, hat letztendlich eine unerwartet ruhige Phase in meinem Leben mir viel Zeit beschert, die Realisierung möglich zu machen.

Es war aufwendiger in der Umsetzung als ich jemals dachte und es bedurfte vieler Vorbereitungen und Planungen. Und nun halten Sie es in den Händen!

Unzählige Rezepte haben sich mit den Jahren angesammelt; Familienrezepte von meiner Oma und meiner Mutter, Leckereien von Freunden, Tipps und Anregungen, mitgebracht von vielen Reisen. Ich habe sortiert, verglichen, abgewogen, getestet, überarbeitet, gekocht und gebacken, gebacken und gebacken. Kiloweise kam Schokolade beim Backen und Kochen fürs Fotoshooting zum Einsatz.

Für und mit meiner Schwester Nele.
Eine Idee - zwei Blickwinkel – zwei Motivationen.
Wie wurde bei uns dieser Gedanke geboren?

Begann es mit der zweiäugigen Yashica - das Geschenk meines photobegeisterten Großvaters Ludwig, der Liebe meines Vaters zu edlen Sucherkameras und meiner Photogalerie Prisma mit Bobo, Dada und Pop? Oder durch die meine Kindheit und Jugend begleitenden Inspirationen meiner Mutter im Kochen, Backen und der Kunde von Lebensmitteln?

Diese beiden Leidenschaften sind bis heute geblieben, stetig gewachsen und verfeinert worden. Als Nele den Gedanken eines Buches zu Süßem und Deftigem aus Schokolade äußerte, war das der Punkt, an dem ich das von mir Gelernte und die Gestaltung von Selbstgekochtem in einem Photoprojekt zusammenbringen wollte. Nach meinen Arbeiten zu Licht, Strukturen und Situationen, fand ich in diesem Projekt einen „point of departure". Ich konzentrierte mich auf das vertikale Format. Die Nähe zum Objekt erlaubt im Bild zu zeigen, was nicht zu sehen ist: die Lichtstärke wirken zu lassen; die Schatten zu beleben und die Intensität der Farbe zu nutzen.

Den „schönen Seiten" des Lebens widme ich mich nicht nur in meinem Beruf als Grafik-Designerin gern: stilvolles Interieur, erlesene Gaumenfreuden, Lebensqualität. Und natürlich auch Schokolade. Umso erfreuter war ich, als meine Freundin Nele mit einem spannenden Projekt auf mich zukam: Ich durfte ein wunderbares Buch gestalten – gefüllt mit feinen Schokoladen-Rezepten und Appetit-anregenden Fotos, die die Blicke auf sich ziehen. Genau das ist es, was meine Leidenschaft weckt.

Wie ausgewählte Zutaten beim Kochen zu einer Komposition verschmelzen, liebe ich es, Bilder und Texte im Grafik-Design zu einer harmonischen Einheit zu komponieren. Ich bin begeistert über die großartigen Aufnahmen der ästhetisch inszenierten Backwerke, die nach und nach in meinem Grafik-Büro landeten.

Ich habe mich sehr gefreut, dass mein Bruder und ich unsere Leidenschaften Fotografie und Kochen so engagiert ausleben konnten. Ich bedanke mich für zwei kalorienreiche und harmonische Wochen zum Fotografieren bei ihm in Potsdam. Glücklich bin ich über die Unterstützung meiner Freundin Anke, die dieses Buch gestaltet hat und die einleitenden Worte von Ellen. Ich danke meiner Tochter Lieselotte für ihre tatkräftige Unterstützung vor Ort, meinem Sohn Ludwig, der uns mit Schokolade direkt aus Brüssel versorgte und meinem Sohn Friedrich, der als Baiserfan die Pavlova testete, sowie allen, die freundlicherweise Korrektur gelesen haben.

Nele Popken

Es war die Harmonie bei der Arbeit, die mich bei diesem Projekt zu jeder Zeit begeisterte, motivierte und stetig mit der Köchin vorangebracht hat. Es hat uns viel Neues lernen lassen, sowohl beim Bild als auch beim Geschmack – und es war eine Freude zu erleben, wie wir bei Vor- und Nachbereitung und auch beim Essen und Genießen unsere Familie mitnehmen und begeistern konnten, ohne deren Unterstützung all das so nicht hätte entstehen können.

Ralf Popken

Zum Backen hat mich dieses Schokoladen-Buch auch verführt. Ich hätte nicht für möglich gehalten, wie leicht die Zubereitung dieser süßen und herzhaften Leckereien auch einer Unerfahrenen gelingt. Und wie köstlich alles schmeckt...

Anke Wragge

Inhalt

Kleingebäck

Dies ist ein Rezept für phantastisch feine Schokoladenwürfel.

Ich habe es von einer Freundin bekommen, mit dem Kommentar:

From the lips to the hips.

Das stimmt wohl, aber diese Brownies sind eine Sünde wert.

Brownies

BROWNIES

ZUTATEN

300 g	Puderzucker
150 g	Mehl
30 g	ungesüßtes Kakaopulver
1 1/2 Teelöffel	Backpulver
150 g	Halbbitter Kuvertüre
100 g	Butter
2 Esslöffel	Melasse
3	Eier
1 Päckchen	Vanillezucker
1 Prise	Salz
4 Tropfen	Bittermandelöl
	Backrahmen 20 x 30 cm

ZUBEREITUNG

Den Backofen auf 180 Grad vorheizen.
Die Kuvertüre grob hacken und mit der Butter in einem Topf bei milder Hitze unter ständigem Rühren schmelzen.
Von der Kochstelle nehmen, die Melasse einrühren und die Masse etwas abkühlen lassen. Puderzucker, Mehl, Kakaopulver und Backpulver in eine Schüssel sieben. Die Eier nach und nach mit einem Holzlöffel unter die Schokoladencreme rühren. Vanillezucker, eine Prise Salz, Bittermandelöl und die Mehlmischung untermischen.
Den Backrahmen so mit Backpapier auslegen, dass dieses an zwei Seiten etwas übersteht.
Die Teigmasse in die Form füllen und glatt streichen.
25 - 30 Minuten backen.
Die Form auf ein Kuchengitter stellen und auskühlen lassen.
Den Kuchen aus der Form heben und mit einem scharfen Messer in kleine Quadrate schneiden.
Ca. 10 Tage haltbar.

Muffins

ZUTATEN für 12 Muffins

FÜLLUNG

150 g	Frischkäse
½ Esslöffel	Zucker
1 Päckchen	Vanillezucker

TEIG

200 g	Mehl
4 Esslöffel	ungesüßtes Kakaopulver
2 Teelöffel	Backpulver
½ Teelöffel	Natron
1	Ei
160 g	brauner Zucker
100 ml	Öl (Raps- oder Sonnenblumenöl)
300 g	Buttermilch
200 g	Zartbitter Kuvertüre
12	Muffinförmchen

VERZIERUNG

Kuvertüre, Zuckerguss, Puderzucker, Zuckerstreusel, Blüten oder Obst

ZUBEREITUNG

FÜLLUNG

In einer kleinen Schüssel den Frischkäse mit Zucker und Vanillezucker glatt rühren. In einer weiteren Schüssel das gesiebte Mehl, Backpulver, Natron und Kakaopulver sorgfältig vermischen.

Tipp: Bei Muffinförmchen aus Blech Papierförmchen in die Vertiefungen setzen.

…mit Überraschung

Die Frischkäse-Füllung gibt einen unerwarteten Frischekick beim Reinbeißen. Die Kombination dieser leicht säuerlichen Füllung mit der herzhaften Schokolade ist traumhaft.

TEIG

Den Backofen auf 160 Grad vorheizen.
Mehl mit Kakao, Backpulver und Natron mischen und sieben.
Das Ei in einer großen Schüssel aufschlagen und leicht verquirlen.
Den braunen Zucker, das Öl und die Buttermilch hinzugeben und gut vermischen.
Dann die Mehlmischung vorsichtig unterheben.
Ein Viertel des Teiges in die Muffinförmchen verteilen.
Dann jeweils 1 Teelöffel Füllung darauf geben und mit Teig auffüllen.
Im Backofen ca. 20 -25 Minuten backen. Die Muffins auf einem Kuchengitter auskühlen lassen.
Die Muffins mit Kuvertüre (s. Tipps Seite 78) oder mit Zuckerguss bestreichen und mit Blüten, Zuckerstreuseln oder Obst verzieren.

EIN KLASSISCHES FEINGEBÄCK DER FRANZÖSISCHEN KÜCHE – hier im Schokoladenkleid

PETIT FOURS

ZUTATEN

BISKUIT (für eine Backform 16 x 16 cm)

3	Eier
50 g	Zucker
60 g	Mehl
2 Teelöffel	Backpulver
25 g	ungesüßtes Kakaopulver

FÜLLUNG

250 g	Sauerkirsch Konfitüre
2-3 Esslöffel	Kirschgeist

GLASUR

75 ml	Sahne
20 g	Butter
50 g	Puderzucker
100 g	Zartbitter Schokolade (gehackt)

DEKORATION

Sauerkirschen aus dem Glas

Den Backofen auf 180 Grad vorheizen.
Den Boden der Backform
mit Backpapier auslegen.

ZUBEREITUNG

BISKUIT

Mehl mit Kakao und Backpulver mischen und sieben.
Eier mit Zucker in einer Schüssel etwa 5 Minuten lang schaumig schlagen.
Die Mehlmischung nach und nach mit einem Spatel unter den Eierschaum
Den Teig in die Backform füllen und am Rand etwas hochziehen,
damit die Oberfläche beim Backen möglichst eben bleibt.
20-25 Minuten auf der mittleren Schiene backen.
Auskühlen lassen. Den Teig auf ein Kuchengitter stürzen.
Das Backpapier abziehen.
Den erkalteten Biskuit an der Oberfläche
evtl. begradigen und zweimal waagerecht
durchschneiden.

Petit Fours

FÜLLUNG

Kirschkonfitüre in einen Topf geben und aufkochen lassen. Die Biskuitböden mit Kirschgeist beträufeln, dann mit etwa 2/3 von der Konfitüre bestreichen und die Böden aufeinandersetzen.

GLASUR

Sahne mit dem Puderzucker aufkochen, Butter und die Schokolade stückchenweise dazugeben und schmelzen lassen. Die Glasur etwas abkühlen lassen.

FERTIGSTELLUNG

Den Schokoladenbiskuit in 4 x 4 cm große Würfel schneiden und auf ein Kuchengitter setzen. Die dickflüssig gewordene Glasur gleichmäßig über die Würfel gießen. Das restliche Drittel Konfitüre wieder erhitzen, die Sauerkirschen darin wenden und die Petit Fours mit je 1 Kirsche verzieren.

Ein Klassiker unter den Keksen und eine Augenweide auf dem Keksteller.

Schwarz-Weiß Gebäck

SCHWARZ-WEISS GEBÄCK

ZUTATEN

WEISSER TEIG

300 g	Mehl
200 g	Butter (kalt, gewürfelt)
100 g	Puderzucker
2	Eigelb
etwas	Vanille nach Geschmack
1 Prise	Salz

SCHOKOLADEN TEIG

15 g	ungesüßtes Kakaopulver
30 g	Puderzucker
4 Teelöffel	Milch

ZUBEREITUNG

Die Zutaten für den weißen Teig zügig mit den Händen verkneten. Den Teig teilen und bei einer Hälfte die Zutaten für den Schokoladen Teig ergänzen. Beide Teige flachdrücken, in Frischhaltefolie wickeln und für ca. 1 Stunde in den Kühlschrank legen. Beide Teige zu einem gleichgroßen, länglichen Rechteck ausrollen. Mit der Größe der Teigplatten bestimmt man die Größe der Plätzchen. Die helle Teigplatte auf die dunkle Teigplatte legen (oder umgekehrt, ganz nach Belieben) und von der langen Seite her aufrollen. Die Teigrolle noch einmal für 1 Stunde in den Kühlschrank stellen – dann lässt sie sich leichter in Scheiben schneiden. Den Backofen auf 160 Grad vorheizen. Von der gekühlten Teigrolle gleichmäßig große Scheiben (ca. 6 mm) abschneiden und auf ein mit Backpapier belegtes Backblech legen. Ca. 12 Minuten backen

Cookies

COOKIES

ZUTATEN

300 g	Mehl
100 g	Stärke
200 g	Butter (Raumtemperatur)
150 g	Muscovado Zucker oder brauner Zucker
100 g	weißer Zucker
¼ Teelöffel	Salz
½ Teelöffel	Backpulver
½ Teelöffel	Natron
1 Teelöffel	Vanille Extrakt
1	Ei
1	Eigelb
200 g	Schokolade 70 % (als Chips oder grob gehackt)
180 g	Pecannüsse (grob gehackt) oder Nüsse, die Sie lieben

ZUBEREITUNG

Mehl, Speisestärke, Backpulver, Natron und Salz in einer Schüssel vermischen. Die Butter mit den Zuckersorten in einer Küchenmaschine cremig schlagen. Dann die Eier nach und nach unterrühren. Das Vanille Extrakt dazugeben. Die Mehlmischung einrühren und zum Schluss die Schokolade und die Nüsse unterheben. Den Teig für 15 Minuten in den Kühlschrank stellen.
Den Backofen auf 180 Grad vorheizen.
Den Teig mit einem Esslöffel gleichmäßig portionieren und in runden Häufchen auf ein mit Backpapier belegtes Backblech setzen. Etwas flach drücken. Die Cookies gehen beim Backen auseinander, sie sollten einen Abstand von etwa 5 cm auf dem Backblech haben.
Je nach Größe die Cookies ca. 10-12 Minuten backen. Auskühlen lassen.

Cookies

Diese Schokoladenkekse werden vor dem Backen in Puderzucker gerollt.

Beim Backen gehen die Kekse auf und die Puderzuckerhaut bricht auf. So entsteht ihr typisches Aussehen.

PUDERZUCKER-KEKSE

ZUTATEN

225 g	dunkle Schokolade (gehackt)
100 g	Vollmilch Schokolade (gehackt)
55 g	Butter
4	Eier (Raumtemperatur)
400 g	Zucker
1 Teelöffel	Vanille Extrakt
190 g	Mehl
65 g	ungesüßtes Kakaopulver
2 Teelöffel	Backpulver
¼ Teelöffel	Salz
150 g	Puderzucker

Puderzucker Kekse

ZUBEREITUNG

Die 125 g dunkle Schokolade mit der Butter in einem Wasserbad schmelzen.
Dabei umrühren, bis sich Schokolade und Butter gleichmäßig vermischt haben.
Zur Seite stellen und auskühlen lassen.
Mehl, Backpulver, Kakaopulver und Salz in einer Schüssel mischen.
In einer anderen Schüssel die Eier, Zucker und Vanille aufschlagen – etwa 3 Minuten.
Dann erst die Schokoladen-Butter Mischung unterrühren und danach die Mehlmischung.
Zum Schluss 100 g dunkle Schokoladen und 100 g Vollmilchschokolade unterheben.
Die Schüssel mit Frischhaltefolie abdecken und 2 Stunden im Kühlschrank ruhen lassen.
Den Backofen auf 165 Grad vorheizen. Backbleche mit Backpapier auslegen.
Die Hände etwas anfeuchten und aus dem Teig kleine Kugeln formen, etwa 3 cm Durchmesser.
Die Teigkugeln im Puderzucker wälzen, bis sie komplett mit Zucker bedeckt sind.
Mit einem Abstand von etwa 5 cm auf das Backblech setzen, da die Kekse auseinander laufen.
Die Kekse etwa 15 -17 Minuten backen. Die Oberfläche der Kekse muss aufspringen.

Kuchen

Schokoladentarte

SCHOKOLADENTARTE

ZUTATEN

TEIG

(für 1 Backform von ca. 35 x 14 cm oder 26 Durchmesser)
Die Menge ergibt etwas mehr Teig, als man benötigt, so lässt sich der Teig besser weiter verarbeiten.
Den Restteig einfrieren oder z.B. Mürbeteigplätzchen daraus backen.

300 g	Mehl
200 g	Butter (kalt, gewürfelt)
100 g	Puderzucker
1	Ei
1 Prise	Salz
1/2	Vanilleschote (Mark auskratzen)
1	Bio-Zitrone
500 g	getrocknete Linsen oder Erbsen zum Blindbacken

FÜLLUNG

140 g	Butter
150 g	Schokolade 70 % (gehackt)
8 Esslöffel	ungesüßtes Kakaopulver
1 Prise	Salz
4	Eier
200 g	Zucker
3 Esslöffel	Ahornsirup
3 Esslöffel	Sauerrahm oder Crème fraîche

DEKORATION

Obst der Saison

ZUBEREITUNG

TEIG

Die Zitrone heiß abwaschen und die Schale abreiben.
Alle Zutaten rasch verkneten.
Den Teig nicht zu lange kneten, sonst wird er zäh.
Den Teig zu einem Rechteck formen, in Folie packen und 1 Std. im Kühlschrank ruhen lassen.
Den Ofen auf 180 Grad vorheizen.
Den Teig ca. 2-3 mm dick und auf eine Größe von ca. 40 x 20 cm ausrollen, in die eingefettete Tarteform legen und andrücken. Überschüssigen Teig abschneiden.
Damit der Teig nicht am Formrand beim Backen absackt, Backpapier auf den Boden legen und mit den getrockneten Linsen auffüllen. Den Tarte Boden 12-15 Minuten im Ofen „blind backen". Aus dem Ofen nehmen, das Backpapier mit den Linsen entfernen und den Ofen auf 150 Grad herunterschalten.

FÜLLUNG

Butter, Schokolade, Kakaopulver und Salz in einem Topf über köchelndem Wasser schmelzen. Die Eier in einem anderen Topf aufschlagen und nach und nach Zucker zufügen. Ahornsirup und Sauerrahm unterrühren. Die Schokoladenmischung zufügen und rühren, bis eine schöne dunkle Creme entstanden ist.
Wenn der Rand vom Mürbeteigboden etwas über der Form steht, mit einem Reibestab auf Formhöhe glatt hobeln.
Die Creme auf dem Tarteboden verteilen und bei 150 Grad für 40-45 Minuten backen. Die Schokoladentarte auf einem Kuchengitter für mindestens 30 Minuten auskühlen lassen.
Im Ofen geht die Tarte auf und bekommt Risse an der Oberfläche.
Beim Abkühlen fällt sie etwas zusammen, dadurch bekommt die Tarte eine schöne krosse Kruste.

Mandelkuchen

MANDELKUCHEN

ZUTATEN	(für 1 Backform mit 24 cm Durchmesser oder 2 Backformen mit 15 cm Durchmesser)
200 g	Butter
200 g	Schokolade 70 %
160 g	Rohrohrzucker
4	Eier
1 Prise	Salz
260 g	geriebene Mandeln
	Puderzucker zum Bestäuben – besonders schön mit Hilfe einer Blütenschablone

DIESER KUCHEN WIRD GANZ OHNE MEHL GEBACKEN UND IST SCHNELL GEMACHT.

ZUBEREITUNG

Den Backofen auf 180 Grad vorheizen.
Den Boden der Backform mit Backpapier auslegen.
Die Schokolade in Stücke brechen oder grob hacken.
Die Butter mit der Schokolade im Wasserbad schmelzen und dann auskühlen lassen.
Eier trennen und die Eigelbe mit dem Zucker (1 Esslöffel Zucker für den Eischnee beiseite geben) schaumig rühren.
Die abgekühlte Schokoladenmasse und die Mandeln einrühren.
Das Eiweiß mit Salz und 1 Esslöffel Zucker zu Schnee schlagen und unter die Schokoladenmasse heben.
Den Teig in die Backform füllen und am Rand etwas hochziehen, damit die Oberfläche später schön eben wird.
Im vorgeheizten Backofen ca. 45-55 Minuten backen.
Zur Garprobe nach 45 Minuten Backzeit mit einem Holzstäbchen in die Mitte des Kuchens stechen. Wenn beim Herausziehen einige feuchte Brösel haften bleiben, ist er genau richtig.
Den Kuchen vollständig in der Form auskühlen lassen.
Mit der stumpfen Seite eines Messers den Kuchen vom Rand der Backform lösen. Mit Puderzucker bestäuben.

TIPP

Die Backzeit kann je nach Backofen und Größe der Form variieren.
Die Backzeit ist eher zu kurz als zu lang angegeben - der Kuchen sollte nicht zu trocken sein.
In einer 15 cm Durchmesser Form den Kuchen etwa 35 Minuten backen.

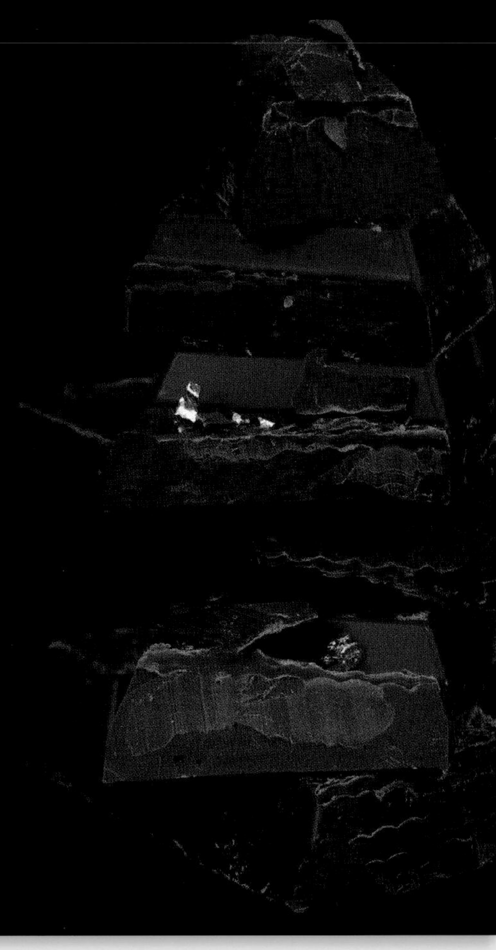

MARMORKUCHEN

ZUTATEN

250 ml	Schlagsahne
200 g	Puderzucker
1 Päckchen	Vanillezucker
4	Eier (getrennt in Eigelb und Eiweiß)
250 g	Mehl
1/2 Päckchen	Backpulver
3 Esslöffel	Milch
2 g	Salz
3 Esslöffel	Schokoladen-Nuss-Creme (s. Seite 42 oder fertig gekaufte Creme)

ZUBEREITUNG

Backofen auf 180 Grad vorheizen.
Eine Gugelhupfform ausbuttern (eine Metallform am besten auch noch mit Paniermehl bestäuben).
In einer Rührschüssel die Schlagsahne halbsteif schlagen
Den Puderzucker und den Vanillezucker zugeben und steif schlagen. Die Eigelbe unterrühren.
Das Mehl mit dem Backpulver über die Masse sieben und gemeinsam mit der Milch einrühren.
Eiweiß mit Salz steif schlagen und vorsichtig unterheben
Die Hälfte des Teiges in die Gugelhupfform füllen.
Unter die andere Hälfte des Teiges die Schokoladen-Nuss-Creme rühren und ebenfalls in die Form füllen.
Mit Hilfe einer Gabel beide Teige vorsichtig spiralförmig mischen.
Ca. 40-50 Minuten backen.
Garprobe machen: s. Tipps Seite 78

Marmorkuchen

Dieses Rezept habe ich in Österreich entdeckt.
Der Marmorkuchen wird dort statt mit Butter mit Schlagsahne gebacken.
Die Sahne macht den Kuchen herrlich saftig.

CASSISTORTE

ZUTATEN

TORTENBODEN

(für 1 Backform mit 20 cm Durchmesser)

Rezept Seite 36

BUTTERCREME

150 g	Brombeeren
150 g	Blaubeeren oder Heidelbeeren
75 g	Puderzucker
3-4 Esslöffel	Cassislikör
20 g	Vanillepuddingpulver
150 g	Butter (Raumtemperatur)

SCHOKOLADENÜBERZUG

50 ml	Sahne
25 g	Butter
50 g	Puderzucker
75 g	Zartbitter Schokolade (gehackt)

DEKORATION

150 g	frische Brombeeren und Heidelbeeren
	Minzblätter

ZUBEREITUNG

Den Tortenboden nach dem Rezept auf Seite 36 backen und gleichmäßig 2 x mit einem langen Sägemesser horizontal teilen.

BUTTERCREME

Brombeeren und Heidelbeeren mit Puderzucker und Cassislikör in einem kleinen Topf etwa 8-10 Minuten leise köcheln lassen. Alles fein pürieren und das Puddingpulver unterrühren. So lange auf dem heißen Herd rühren, bis eine puddingartige Konsistenz entsteht. Die Creme in eine Schüssel füllen und mit Frischhaltefolie abdecken, damit sie keine Haut bekommt. Im Kühlschrank vollständig auskühlen lassen. Butter etwa 5 Minuten lang schaumig schlagen, dann löffelweise den Beerenpudding hinzufügen und gründlich unterrühren. Beerencreme abwechselnd mit den Tortenböden aufeinanderschichten und 30 Minuten in den Kühlschrank stellen.

SCHOKOLADENÜBERZUG

Die Sahne aufkochen, Butter, Puderzucker und Schokolade hinzufügen und darin auflösen. Überzug über die Torte gießen und mit den frischen Beeren und Minzblättern verzieren.

Cassistorte

Ein sehr fruchtiger Schokoladenkuchen

mit einer fluffigen Buttercreme aus Heidelbeeren, Brombeeren und Cassislikör.

Zerschmilzt auf der Zunge und hinterlässt ein Wohlgefühl.

KAFFEE-FRISCHKÄSETORTE

ZUTATEN

TORTENBÖDEN

(für 3 Backformen mit 15 cm Durchmesser)

220 g	Mehl
80 g	ungesüßtes Kakaopulver
1 3/4 Teelöffel	Backpulver
3/4 Teelöffel	Natron
3/4 Teelöffel	Salz
135 ml	Rapsöl
150 g	weißer Zucker
165 g	brauner Zucker
2	Eier
1 Teelöffel	Vanille Extrakt
1/2 Teelöffel	Mandel Extrakt
240 ml	saure Sahne
180 ml	heißer Kaffee

FRISCHKÄSE CREME

150 g	Butter (Raumtemperatur)
225 g	Frischkäse
225 g	Puderzucker (gesiebt)
120 g	Schokoladen-Nuss-Creme (s. Seite 42) oder fertige, dunkle Schokoladencreme
1 Esslöffel	ungesüßtes Kakaopulver

DEKORATION

z.B. frische Früchte

ZUBEREITUNG

Kaffee kochen. Den Backofen auf 180° Grad vorheizen. Den Boden der Backformen mit Backpapier auslegen.

TORTENBÖDEN

Mehl, Kakaopulver, Backpulver und Natron mischen und siebe Das Salz zufügen. Zucker und Öl im Mixer auf hoher Stufe für 2-3 Minuten schlagen. Eier, Vanille und Mandel Extrakt unterrühren. Nach und nach die Mehlmischung abwechselnd mit der sauren Sahne zufügen. Auf niedriger Stufe den Kaffee dazu gießen, bis er ganz untergerührt ist.
Der Teig ist relativ flüssig. Die Teigmenge gleichmäßig auf die 3 Backformen verteilen und 30-40 Minuten backen. Garprobe machen (s. Tipp Seite 78).

Kaffee-Frischkäsetorte

FRISCHKÄSE CREME

Die Butter mindestens 2 Stunden vor der Verarbeitung aus dem Kühlschrank nehmen. Die Butter mit dem Puderzucker cremig aufschlagen. Dann das Kakaopulver, die Schokoladencreme und danach den Frischkäse löffelweise unterrühren.

FERTIGSTELLUNG

Die Oberflächen der Tortenböden evtl. begradigen. Zwischen die Tortenböden großzügig Creme einstreichen. Anschließend die Torte dünn mit Creme ummanteln. Für 30 Minuten in den Kühlschrank stellen und dann mit einer 2. Schicht Creme ummanteln. Die Torte mit den Früchten dekorieren.

Eine wunderbare Festtagstorte –
sooo lecker und ganz einfach in der Herstellung.
Sie kann individuell dekoriert werden:
mit Obst, Pralinen, Macarons, Blüten,
Zahlen oder Kerzen.

Kirsch-Mascarponetorte

KIRSCH-MASCARPONETORTE

ZUTATEN

TORTENBÖDEN
(für 3 Backformen mit 15 cm Durchmesser oder
1 Backform mit 20 cm Durchmesser)
Rezept Seite 36

KIRSCHSOSSE

250 g	frische Kirschen
1 Esslöffel	Zitronensaft
60 ml	Kirschgeist
55 g	Zucker

SCHOKOLADENÜBERZUG

50 ml	Sahne
25 g	Butter
75 g	Zartbitter Schokolade (gehackt)

FÜLLUNG

250 g	Mascarpone
4 Esslöffel	Puderzucker
80 ml	Sahne

DEKORATION

100 g	Schokolade (geraspelt)
	frische Kirschen

ZUBEREITUNG

Den Tortenboden nach dem Rezept auf Seite 36 backen und gleichmäßig 2 x horizontal teilen.

KIRSCHSOSSE

Die Kirschen entsteinen, halbieren und in einem Topf mit dem Zitronensaft, dem Kirschgeist und dem Zucker aufkochen – 15 Minuten unter Rühren köcheln lassen, bis die Kirschen weich sind.
Die Soße durch ein Sieb gießen und den Saft in einer Schüssel auffangen. Die Kirschen in eine andere Schüssel geben.
Mit einem Holzstäbchen einige Löcher in die Tortenböden stechen, anschließend die Böden mit der Kirschsoße einpinseln.

SCHOKOLADENÜBERZUG

Die Schokolade hacken und in eine Schüssel geben. Die Sahne mit der Butter in einem Topf erhitzen, aber nicht kochen. Die flüssige Mischung über die gehackte Schokolade gießen.
Für 30 Sekunden ruhen lassen und dann die Creme glatt rühren. Die Creme so lange stehen lassen, bis sie eingedickt ist und sich gut verteilen lässt.

FÜLLUNG

Mascarpone und Zucker cremig rühren.
Die Sahne dazugeben und solange schlagen, bis die Masse steif wird.

Eine neue und unkomplizierte Interpretation der klassischen Schwarzwälder Kirschtorte.

FERTIGSTELLUNG

1. Den ersten Tortenboden auf eine Platte legen.
2. Mit der Hälfte der Mascarponecreme bestreichen.
3. Mit der Hälfte der gekochten Kirschen belegen.
4. Mit etwas geraspelter Schokolade bestreuen.
5. Den zweiten Tortenboden obendrauf legen und Schritt 2 – 4 wiederholen.

Zum Schluss mit dem dritten Tortenboden abschließen. Mit dem Schokoladenüberzug bestreichen, die restliche Kirschsoße darüber gießen, mit den frischen Kirschen verzieren und zum Schluss mit der restlichen geraspelten Schokolade bestreuen.

TIPP

Die Torte sollte am gleichen Tag der Fertigstellung gegessen werden. Mit den 3 kleinen Tortenböden wird die Torte sehr hoch und sieht imposant aus; es gehört aber auch etwas Geschick dazu sie in Stücke zu teilen. Einfacher zu schneiden ist die Torte, wenn man den Tortenboden in einer 20 cm Durchmesser Form backt und diesen dann 2 x horizontal teilt.

Dieses Rezept ist für eine Backform von 20 cm Durchmesser. Nach dem Backen wird der Tortenboden 2 oder 3 x horizontal geteilt. Alternativ eignet sich das Rezept für 3 kleine Backformen von 15 cm Durchmesser.

TORTENBODEN

ZUTATEN

200 g	Mehl
50 g	Kakaopulver
2 Teelöffel	Natron
1 Teelöffel	Backpulver
2	Eier
200 g	Zucker
150 g	Margarine (Raumtemperatur)
200 ml	warmes Wasser

ZUBEREITUNG

Den Backofen auf 180 Grad vorheizen.
Den Boden der Backform mit Backpapier auslegen.

Mehl mit Kakao, Natron und Backpulver mischen und sieben.
Eier mit Zucker etwa 5 Minuten schaumig schlagen.
Dann zuerst die Margarine, danach die Mehlmischung abwechselnd mit dem zimmerwarmen Wasser unterrühren.
Den Teig in die Backform füllen. Die Teigmasse am Backformrand etwas hochziehen, so bekommt der Tortenboden beim Backen eine ebene Oberfläche. Im heißen Backofen auf der mittleren Schiene etwa 45-60 Minuten backen. In den kleinen Formen reichen 25-30 Minuten. Evtl. die Oberfläche mit Alufolie abdecken, wenn der Teig gut gebräunt ist.
Garprobe machen (s. Tipp Seite 78).

Tortenboden

Den Tortenboden in der Form vollständig abkühlen lassen.
Mit der stumpfen Seite eines Messers den Tortenboden
vorsichtig vom Backformrand lösen. Das Backpapier abziehen.
Je nach verwendeter Backform nun den Tortenboden gleichmäßig teilen.

Brioche Kranz

BRIOCHE KRANZ

ZUTATEN

400 g	Mehl
10 g	frische Hefe
50 g	Rohrohrzucker
70 ml	Milch (handwarm)
5 g	Salz
180 g	Butterflöckchen (Raumtemperatur)
ca. 200 g	Schokoladen-Nuss-Creme von Seite 42 oder eine gekaufte Schokoladencreme (Raumtemperatur)
1	Ei
etwas	Milch

ZUBEREITUNG

1. Am Vorabend die Hefe in der handwarmen Milch auflösen. Mehl, Zucker, Eier, Salz und die Hefemilch gut durchkneten. Anschließend die weichen Butterflöckchen nach und nach gründlich unterkneten. Den Teig 60 Minuten ruhen lassen. Den Teig in der Schüssel von allen 4 Seiten dehnen und falten und noch einmal 60 Minuten ruhen lassen. Wieder dehnen und falten, mit Frischhaltefolie abdecken und über Nacht in den Kühlschrank stellen. Die Schokoladen-Nuss-Creme aus dem Kühlschrank nehmen, damit sie am nächsten Morgen Raumtemperatur hat.

2. Am nächsten Tag ein Backblech mit Backpapier bereitstellen. Den Teig zu einer rechteckigen Teigplatte von ca. 30 x 40 cm ausrollen und mit der weichen Schokoladen-Nuss-Creme bestreichen. Die Teigplatte von der langen Seite aus aufrollen. Dann die Rolle mit einem scharfen Messer der Länge nach durchschneiden. Nun beide Teigstränge eng umeinander wickeln, dabei darauf achten, dass die offene Schnittkante mit den Schokoladenstreifen oben liegt. Den Zopf auf das Backblech heben und dort zu einem Kranz formen. Den Kranz für 30 Minuten an einem warmen Platz gehen lassen. Den Backofen auf 165 Grad vorheizen. 1 Ei mit etwas Milch verquirlen und den Brioche Kranz damit bepinseln. Anschließend für ca. 25-30 Minuten im Ofen backen.

Ein Prachtstück für den Frühstückstisch, zum Kaffeekränzchen oder als Geschenk. Dies ist ein Schokoladenbuch, aber ich will nicht verheimlichen, dass der Brioche Kranz auch wunderbar mit einer Füllung aus Himbeermarmelade oder Zimtbutter schmeckt.

SCHOKOLADEN-NUSS-CREME

ZUTATEN

200 g	Mandeln (oder Haselnüsse, Cashewkerne)
70 g	Puderzucker
35 g	ungesüßtes Kakaopulver
2 Esslöffel	Kokosöl (optional)
1 Prise	Salz
100 g	Schokolade 70%

ZUBEREITUNG

Die Mandeln auf einem Backblech
im Ofen bei 180 Grad rösten (ca. 10 Minuten).
Herausnehmen und abkühlen lassen.
Die Mandeln im Blitzhacker solange verarbeiten,
bis eine cremige Masse entsteht.
Das dauert ca. 3-5 Minuten.
Die Schokolade im Wasserbad schmelzen.
Puderzucker, Kakao, Salz und Kokosöl
zu der Mandelcreme geben
und etwa 1 Minute weiterrühren.
Zum Schluss die geschmolzene Schokolade
hinzufügen und gleichmäßig unterschlagen.
In ein sauberes Glas abfüllen.

Schokoladen-Nuss-Creme

Trinkschokolade

TRINKSCHOKOLADE

ZUTATEN für 4 Personen

600 ml	Milch
250 g	Schokolade 70%
1	Vanilleschote
	und/oder
1	Zimtstange

Wenn sich in einem Raum der Duft von heißer Schokolade, gewürzt mit Zimt und Vanille verbreitet, kann keiner widerstehen.
Dann ist es Zeit zum Genießen.
An den Trinkschalen, gefüllt mit der heißen Schokoladenmilch, kann man sich wunderbar im Winter die Hände wärmen.

ZUBEREITUNG

Die Schokolade
in kleine Stückchen hacken.
Die Vanilleschote aufschlitzen.
Die Milch mit der Vanilleschote
und/oder der Zimtstange
(einmal durchbrechen) aufkochen.
Die heiße Milch
über die Schokoladenstückchen gießen
und mit dem Schneebesen
verrühren, bis die Schokolade geschmolzen ist.
Die Trinkschokolade durch ein Sieb gießen.
Ein Plätzchen dazu erhöht den Genuss. (s. Seite 16)

Herzhaftes

WILDSCHWEIN RAGOUT

ZUTATEN für 4 Personen

800 g	Wildschweinfleisch oder Rindfleisch (aus der Keule)

MARINADE

1	Möhre
1	Petersilienwurzel
1	Zwiebel
½ Liter	trockenen Rotwein
100 ml	Portwein
100 ml	Rotweinessig
1 Esslöffel	Wacholderbeeren
1 Teelöffel	schwarze Pfefferkörner
2	Gewürznelken
3	Thymianzweige
2	Lorbeerblätter

5 Esslöffel	Olivenöl
1 Esslöffel	Mehl
250 ml	Wildfond bzw. Rinderfond
	Salz und Pfeffer

SOSSE

1 Teelöffel	Butter
40 g	Trockenpflaumen
1 Teelöffel	Rohrohrzucker
1 Teelöffel	ungesüßtes Kakaopulver
2 Esslöffel	Rotweinessig
30 g	Schokolade 70%
30 g	Orangeat
30 g	Pinienkerne

ZUBEREITUNG

Das Fleisch in große Stücke würfeln (jeweils ca. 60 g).
Das Gemüse in Scheiben schneiden.
Alles in eine Schüssel geben und mit dem Rotwein, Portwein und Essig bedecken.
Die Gewürze für die Marinade in ein Mulltuch oder in einen Teebeutel geben, zubinden und in die Schüssel hängen.
Das Fleisch 24 Stunden marinieren.

Den Backofen auf 160 Grad vorheizen.
Die Marinade durch ein Sieb gießen und auffangen.
Die Fleischwürfel abtupfen und in einem Bräter im heißen Öl rundherum anbraten.
Das Gemüse dazugeben und mit anbraten.
Alles mit Salz und Pfeffer würzen und mit dem Mehl bestäuben.

Gehackte Petersilie zum Garnieren.

Wildschwein Ragout

Die Marinade und den Fond zugießen (das Fleisch sollte mit Flüssigkeit bedeckt sein, evtl. etwas mehr Fond oder Rotwein nachgießen), den Gewürzbeutel wieder zugeben und alles zugedeckt im Backofen ca. 2 ½ Stunden schmoren lassen.
Nach Ende der Garzeit den Gewürzbeutel entfernen.

Die Pflaumen grob hacken, das Orangeat und die Schokolade fein hacken. Die Butter in einem Topf zerlassen. Pflaumen, Zucker, Kakaopulver, 2 Esslöffel Rotweinessig und 2 Esslöffel Wasser zugeben, aufkochen und vom Herd nehmen. Die Schokolade, Orangeat und die Pinienkerne unterrühren. Die Soße zum Fleisch geben und alles erneut aufkochen. Mit Salz und Pfeffer abschmecken.

Dazu passt: Steckrüben-Püree, Rosenkohl, Kartoffeln, Klöße.

LINSEN-AUBERGINEN-CURRY

ZUTATEN für 4 Personen

120 g	Belugalinsen
3	Auberginen
	Salz, Pfeffer
3 Esslöffel	Olivenöl
100 ml	Sahne
2	Knoblauchzehen
ca. 4 cm	Ingwerwurzel
1 kleine	grüne Chilischote
2	Schalotten
1 Stange	Zitronengras
2 Esslöffel	Kokosöl
2 Esslöffel	Curry
600 ml	Kokosmilch
5	Kaffirlimettenblätter
20 g	Schokolade 70% (gerieben)
	Zitrone (optional)

Basilikum und Tomatenwürfel zum Garnieren

ZUBEREITUNG

Die Linsen nach Packungsanweisung garen. Den Backofen auf 220 Grad vorheizen. Auberginen waschen und längs in 1 cm dicke Scheiben schneiden. Auf ein mit Backpapier ausgelegtes Blech legen, salzen und pfeffern und mit Olivenöl bepinseln. 20 Minuten im Ofen garen, dabei einmal wenden. Auberginen herausnehmen, etwas auskühlen lassen. Einrollen und im ausgeschalteten Ofen warmhalten. Knoblauch und Schalotten abziehen, Ingwer schälen, alles fein würfeln. Chilischote putzen und in feine Ringe schneiden. Zitronengras längs halbieren. Kokosöl in einer Pfanne erhitzen, Knoblauch, Schalotten, Ingwer und Chilis darin glasig dünsten. Curry dazu geben und kurz miträsten. Kokosmilch, Zitronengras, Limettenblätter zugeben, salzen und pfeffern und ca. 5 Minuten köcheln lassen. Die Linsen und die geriebene Schokolade in die Soße geben und kurz erhitzen. Nach Bedarf mit Zitrone abschmecken. Das Linsen-Curry mit den Auberginenröllchen anrichten und mit Basilikumblättern und evtl. geraspelter Schokolade garnieren. Als Beilage passt Reis.

Linsen-Auberginen-Curry

Desserts

Dies ist ein altes Familienrezept meiner Großmutter Fanny, die es von ihrer Freundin Dora bekam.
Die Mousse gibt es bei uns oft nach einem Festmahl.
Es handelt sich nicht wirklich um ein leichtes Dessert, aber es schmeckt göttlich.
Bitte nicht an der Qualität der Zutaten sparen.

DESSERT „DORA"

ZUTATEN für 6 Personen

3	Eier
3 Esslöffel	Zucker
250 ml	Sahne
250 g	Schokolade 70% (früher haben wir immer Blockschokolade verarbeitet)

ZUBEREITUNG

Die Eier mit dem Zucker schaumig schlagen. Die Sahne aufschlagen.
Die Schokolade im Wasserbad schmelzen: Dafür etwas Wasser in einem Topf erhitzen.
In diesen Topf eine Schüssel mit einem entsprechend großen Durchmesser hängen
– es darf kein Wasser in die Schokolade spritzen.
Die geschmolzene Schokolade unter die Eiermasse rühren.
Danach die Sahne unter die Creme rühren.
Die Mousse in eine Schüssel oder in Gläser füllen
und im Kühlschrank auskühlen lassen.

Dessert „Dora"

Weiße Limetten Mousse

WEISSE LIMETTEN MOUSSE

ZUTATEN für 6 Personen

2 1/2 Blätter	Gelatine
310 ml	Sahne
70 ml	Milch
	abgeriebene Schale von 1 Limette
1	Vanilleschote
150 g	weiße Schokolade (gehackt)

Ein Dessert Traum ganz in weiß mit der Frische von Limette.

ZUBEREITUNG

Die Gelatine in kaltem Wasser einweichen.
250 ml Sahne leicht cremig aufschlagen.
60 ml Sahne, Milch und Limettenschale mit dem Mark der Vanilleschote auf etwa 60 Grad erhitzen.
Die Gelatine ausdrücken und in die warme Sahne geben.
Gut verrühren und über die weiße Schokolade schütten.
Kurz warten und dann verrühren, bis die Masse geschmeidig ist.
Damit sie weiter verarbeitet werden kann, muss sie auf Zimmertemperatur abkühlen.
Zum Schluss die leicht geschlagene Sahne unterheben.
Die Mousse in den Kühlschrank stellen, bis sie fest geworden ist.

EIN TORTENTRAUM AUS LUFTIGER BAISER-MASSE, GEFÜLLT MIT SAHNE UND OBST.

PAVLOVA

ZUTATEN

225 ml	Eiweiß (das sind etwa 6 Eier, bitte unbedingt das Eiweiß abwiegen)
330 g	Zucker
1 Teelöffel	Maisstärke
1 ½ Teelöffel	weißer Essig
50 g	Schokolade 70%
200 ml	Schlagsahne

DEKORATION

Obst der Saison, Pistazien

VORBEREITUNG

Die Schüssel (am besten eine Metallschüssel), in der Sie das Eiweiß schlagen, muss unbedingt fettfrei sein. Dafür die Schüssel und Quirle Ihrer Küchenmaschine mit einer Mischung aus Essig und Salz abwischen.

ZUBEREITUNG

Das Eiweiß auf hoher Stufe zu Eischnee schlagen.
Esslöffelweise den Zucker unter Weiterschlagen einarbeiten, der Zucker muss sich jeweils vollständig auflösen.
Die Masse 10-15 Minuten weiterschlagen, bis sie dick und glänzend ist.

Paulova

Maisstärke und Essig glattrühren und gleichmäßig unter die Eiweiß Masse rühren. Die Schokolade schmelzen und auf Raumtemperatur runterkühlen lassen.
Die geschmolzene Schokolade mit einem Spatel vorsichtig, spiralförmig unter die Eiweiß Masse heben.
Den Backofen auf 150 Grad vorheizen.
Auf einem Backpapier einen 18 cm großen Kreis einzeichnen.
Das Backpapier mit dem markierten Kreis nach unten auf ein Backblech legen.

Auf den durchscheinenden Kreis eine dünne Schicht Eischnee-Masse streichen. Dann innerhalb des Kreises ringsherum mit einem Esslöffel Eiweiß-Häufchen setzen.
Etwas Abstand halten, die Eiweißmasse geht beim Backen noch auf.
Die Mitte des Kreises bleibt frei.
Die Ofentemperatur auf 120 Grad reduzieren und das Baiser 1 Stunde backen.
Den Ofen ausschalten und das Baiser bei geschlossener Ofentür auskühlen lassen.

Vor dem Servieren das Baiser mit aufgeschlagener Sahne füllen, mit Obst belegen. Nach Geschmack mit Pistazien bestreuen.

Eine herrliche Erfrischung für sommerliche Tage.
Raffiniert mit einer Deko aus gehackten Nüssen,
Schokoladenstückchen oder
gefriergetrockneten
Früchten.

Schokoladeneis

SCHOKOLADENEIS

ZUTATEN

300 ml	Sahne
240 g	Milchmädchen (gesüßte Kondensmilch)
20 g	ungesüßtes Kakaopulver
60 g	Schokolade oder Kuvertüre 70%

ZUBEREITUNG

Die Schokolade oder Kuvertüre im Wasserbad schmelzen.
Die Sahne aufschlagen und zur Seite stellen.
Das Kakaopulver und die geschmolzene Schokolade unter die Milchmädchencreme rühren.
Zum Schluss die geschlagene Sahne vorsichtig unterheben.
Die Schokoladenmasse in einen flachen Gefrierbehälter füllen und für ca. 5 Stunden einfrieren.
Das Eis vor dem Verzehr ca. 10 Minuten antauen lassen.
Mit einem Eisportionierer Kugeln abstechen.
Den Eisportionierer vorher in heißes Wasser tauchen.

Pralinen

LIMONCELLO PRALINEN

ZUTATEN

450 g	weiße Schokolade
50 g	Sahne
1	Biozitrone
50 ml	Limoncello
40 g	Butter (Raumtemperatur)
	Puderzucker
	Spritzbeutel mit großer Lochtülle

ZUBEREITUNG

Am Vorabend die Zitrone heiß abspülen und die Schale fein abreiben.
300 g der Schokolade fein hacken und in eine Schüssel geben.
Die Sahne mit der Zitronenschale und der Hälfte vom Limoncello in einem Topf kurz aufkochen.
Die Zitronensahne über die Schokolade gießen und umrühren, bis sich die Schokolade aufgelöst hat.
Die Masse mit Frischhaltefolie abdecken und über Nacht in den Kühlschrank stellen.

Am nächsten Tag die Schokoladenmasse mit einem Rührgerät aufschlagen.
Die Butter untermischen und den restlichen Limoncello langsam einfließen lassen.
Die Creme ca. 3 Minuten schlagen, bis sie schön luftig und steif ist.
Mit Hilfe des Spritzbeutels haselnussgroße Schokoladentupfen auf ein Backpapier setzen.
Im Kühlschrank ca. 1-2 Stunden aushärten lassen.
Die restlichen 150 g der weißen Schokolade temperieren (s. Seite 78 im Anhang).
Puderzucker in ein Schälchen geben.
Für jede Praline etwas temperierte Schokolade in die Handflächen geben und die Schokoladentupfen darin rollen, bis sie rundum mit Schokolade umhüllt sind.
Anschließend gleich mit einer Gabel im Puderzucker wälzen.

Limoncello Pralinen

Dies sind feine weiße Schokoladen Pralinen mit dem Frischekick der Zitrone.
Auf Seite 76 wird beschrieben, wie man Limoncello selbst herstellen kann.

MANDELSPLITTER

Mandelsplitter Häufchen sind eine feine Nascherei für zwischendurch.
Davon habe ich eigentlich immer welche vorrätig. Und sie sind so einfach und schnell zubereitet.
Außerdem gibt es zahlreiche Variationsmöglichkeiten je nach Geschmack und Vorliebe:
Nussvariationen und Ergänzungen wie Rosinen oder andere Trockenfrüchte.
Wichtig ist, dass nur so viel Schokolade verwendet wird,
dass die Zutaten gerade mit Schokolade überzogen sind.
Hier meine Lieblingsmischung.

ZUTATEN

60 g	Mandelstifte
40 g	Cranberries
100 g	Kuvertüre (Zartbitter, Vollmilch oder weiße Kuvertüre)

ZUBEREITUNG

Die Mandelstifte in der Pfanne leicht anrösten.
Die Kuvertüre temperieren (s. Tipp Seite 78) und über die Zutaten gießen
und gleichmäßig verrühren, bis jede Nuss und Frucht mit Kuvertüre überzogen ist.
Mit einem Teelöffel kleine Häufchen auf eine mit Backpapier belegte, glatte Fläche setzen.
Die Mandelsplitter Häufchen trocknen lassen.

Mandelsplitter

ENERGIEKUGELN

ZUTATEN

250 g	entsteinte saftige Datteln (am besten Medjool Datteln)
100 g	gemahlene Mandeln
3 Esslöffel	ungesüßtes Kakopulver
	Sesam oder Kokosraspel

ZUBEREITUNG

Alle Zutaten in einem Küchenmixer zerkleinern, bis die Masse anfängt zu klumpen. Aus der Masse kleine Kugeln zwischen den Handflächen rollen. Nach Geschmack in Sesam oder Kokosraspeln wälzen.

Energiekugel

Hier kann mit gutem Gewissen genascht werden,
diese Süßigkeit ist zuckerfrei.
Datteln sorgen für die willkommene Süße.
Bei Arbeit, Sport und Spiel geben die Fruchtkugeln
verbrauchte Energie zurück.

Mendiants sind belegte Schokoladentaler. Es handelt sich um eine Süßigkeit, die ursprünglich aus der französischen Weihnachtstradition kommt. Die Schokoladentaler können ganz nach persönlichem Geschmack mit den verschiedensten Nüssen, Früchten und auch gezuckerten Blüten belegt werden. Hübsch verpackt sind sie ein feines Geschenk.

MENDIANTS

ZUTATEN

Kuvertüre (Zartbitter, Vollmilch oder weiße Kuvertüre)
Nüsse (wie weiße Mandeln, Haselnüsse, Pistazien, Pinienkerne, Walnüsse)
Trockenfrüchte
gefriergetrocknete Früchte
kandierte Blüten
getrocknete Rosenblätter

ZUBEREITUNG

Die Kuvertüre temperieren (s. Tipps Seite 78)
und in eine Spritztüte mit einer kleinen Öffnung füllen (s. Tipps Seite 79).
Runde Schokoladentaler auf ein mit Backpapier belegtes Blech spritzen.
Anschließend mit den Nüssen und Früchten belegen.
Die Taler trocknen lassen.

Mendiants

NOUGAT PRALINEN

ZUTATEN

400 g	Nougat
130 g	ungesalzene Pistazien (geschält)
200 g	dunkle Kuvertüre
	Backrahmen (20 x 20 cm)
	Pralinengabel (siehe Seite 79)

ZUBEREITUNG

100 g Pistazien grob hacken. Das Nougat in kleine Würfel schneiden.
2/3 der Nougatwürfel in einem Wasserbad bei milder Hitze schmelzen.
Vom Wasserbad nehmen und die übrigen Nougatwürfel unterrühren,
bis eine glatte Masse entstanden ist.
Die gehackten Pistazien unterrühren.
Den Backrahmen mit Backpapier auslegen.
Die Nougatmasse einfüllen und glattstreichen.
Mit Frischhaltefolie abdecken und über Nacht aushärten lassen.
Am nächsten Tag die Kuvertüre temperieren (s. Tipps Seite 78).
Das Nougat mit einem Messer vom Backrahmen lösen
und in ca. 3 x 3 cm große Stücke schneiden.
Die Nougatwürfel mit Hilfe der Pralinengabel mit Kuvertüre überziehen
und vorsichtig auf Backpapier absetzen.
Sofort mit einer der verbliebenen Pistazien verzieren.

Nougat Pralinen

Zutaten-Rezepte und Backtipps

LIMONCELLO

ZUTATEN für ca. 1,5 Liter

10	Bio-Zitronen
750 ml	hochprozentiger Alkohol (96%) aus der Apotheke
500 g	Zucker

ZUBEREITUNG

Die Zitronen heiß waschen, trocken reiben und mit dem Sparschäler so schälen, dass keine weiße Haut mit abgeschält wird. Sonst wird der Limoncello bitter. Die Zitronenschale in ein verschließbares Gefäß geben, mit dem Alkohol übergießen und bei Zimmertemperatur im Dunkeln mindestens eine Woche ziehen lassen. 750 ml Wasser mit dem Zucker aufkochen und so lange köcheln, bis sich der Zucker gelöst hat. Anschließend auskühlen lassen. Den Zuckersirup zum Alkoholgemisch geben, verrühren und über Nacht durchziehen lassen. Am nächsten Tag durch ein Sieb in saubere Flaschen füllen und verschließen.

VANILLE EXTRAKT

ZUTATEN für ca. 250 ml

3-5	Vanilleschoten (je nach Größe)
200 ml	Wodka (Rum oder Whisky sind auch möglich, sie geben dem Extrakt einen kräftigeren Geschmack)

ZUBEREITUNG

Die Vanilleschoten der Länge nach aufschlitzen und je nach Gefäßgröße evtl. noch quer teilen. In die Flasche geben und mit dem Wodka übergießen. Gründlich schütteln und mindestens 2 Wochen ziehen lassen. Zwischendurch hin und wieder schütteln.

VANILLEZUCKER

Vanillezucker muss man nicht kaufen, er lässt sich leicht selber herstellen. 1 Glas mit Zucker füllen und jede ausgeschabte Vanilleschote, die beim Kochen und Backen anfällt, klein schneiden und in das Zuckerglas geben. Der Zucker nimmt mit der Zeit den Vanillegeschmack an. Wenn sich genug Vanilleschoten angesammelt haben, kann man den Zucker samt Vanilleschoten auch mit einem Mixer zerkleinern.

Zutaten-Rezepte

SCHOKOLADE
Die Qualität von Schokolade schlägt sich im Preis nieder, es lohnt sich nicht hier zu sparen.
Ich arbeite gerne mit Schokolade von Valrhona, Vivani oder Lubeca.
Bei dunkler Schokolade verwende ich stets 70% ige.

KUVERTÜRE
Kuvertüre hat einen höheren Kakaobutteranteil und wird beim Erwärmen etwas dünnflüssiger als Schokolade. Daher eignet sie sich zum Überziehen von Gebäck und Pralinen. Außerdem glänzt Kuvertüre nach dem Trocknen. Sie besteht aus Kakaomasse, Kakaobutter, 30-50% Zucker und bis zu 5% aus pflanzlichen Fetten.

VORBEREITUNG
Vor der Zubereitung der Rezepte al Zutaten abwiegen und in Schüssel bereitstellen. Das erleichtert di Arbeit.
Ich benutze dazu das bereits 10 Jahre alte Schüsselset meiner Om Fanny.

SCHOKOLADE TEMPERIEREN
Beim Temperieren von Schokolade geht es darum, die Schokolade auf die richtige Temperatur für die Verarbeitung zu bringen. Es gibt verschiedene Methoden. Ich bevorzuge die sogenannte Impfmethode: In einem Wasserbad die fein gehackte Schokolade oder die Schokoladenchips in einer Schüssel schmelzen, dabei sollte die Schokolade eine Temperatur von 48 bis max. 60 Grad erreichen. Unbedingt darauf achten, dass kein Wasser in die Schokolade kommt. Etwas von der warmen Schokolade in einer kleinen Schüssel beiseite stellen. Damit kann man die Temperatur wieder anheben, wenn sie unter 30 Grad fällt.
Die Schüssel mit der Schokolade aus dem Wasserbad nehmen und auf ein Handtuch stellen. Nach und nach Schokoladenchips oder gehackte Schokolade dazugeben, damit die Temperatur fällt. Wenn die Schokolade 30-32 Grad erreicht hat, mit dem Stabmixer mixen, damit eine homogene Masse entsteht. Nun i die Schokolade einsatzbereit.

Tipp: Immer mehr Schokolade tempe rieren als man braucht, sonst könne z.B. die Pralinen nicht großzügig ge nug in die Schokolade getaucht we den. Verbliebene Schokolade flach a Backpapier ausstreichen und trockne lassen. Sie kann später wieder verwe det werden.

GARPROBE
Mit einem Holzstäbchen, einer Stricknadel oder einer ungekochten Spaghetti in die Teigmitte stechen, wenn nichts am Gegenstand haften bleibt, ist der Teig fertig.

EIWEISS SCHLAGEN
Damit das Aufschlagen von Eiwe gelingt, sollte man darauf achte dass die Arbeitsmittel unbedin fettfrei sind. Dafür Rührschüss und Quirl mit einer Mischung au hellem Essig und Salz abwischen.
Und am besten eine Edelstah oder Glasschüssel nehmen.

ACKFORMEN

n diesem Rezeptbuch kamen folgende ackformen zum Einsatz:
runde Backform mit 20 cm Durchmesser, 3 runde Backformen mit 15 cm urchmesser, 1 Tarteform 14 x 35 cm, größenverstellbarer Backrahmen

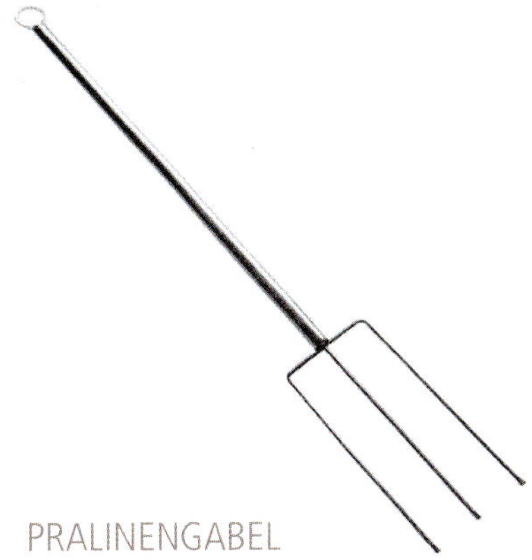

PRALINENGABEL

Backtipps

HILFREICHE INFORMATIONEN

VORRÄTE

Mit diesen Vorräten im Haus ist man stets bestens gewappnet, um kleine und größere Köstlichkeiten mit Schokolade zu zaubern:

- ungesüßtes Kakaopulver (Bensdorp)
- Schokolade/Kuvertüre 70%
- Butter (ist geschmacklich durch nichts zu ersetzen)
- Sahne
- Hefe
- Eier
- Weißer Zucker
- Rohrohrzucker
- Puderzucker
- Mehl
- Vanillezucker
- Vanille Extrakt
- Medjool Datteln
- Mandeln
- Sesam

PRITZTÜTE

o kann man sich selbst eine Papierspritztüte falten:

. Ein quadratisches Stück Pergament- oder Backpapier (etwa 24 x 24 cm) diagonal falten und in der Mitte durchschneiden, so dass 2 Dreiecke entstehen.
. Ein Pergamentpapier-Dreieck mit der linken Hand in der Mitte der längsten Seite fassen, mit der rechten Hand die Spitze A nach innen zur Spitze C drehen, so dass eine Tüte entsteht.
. Spitze B mit einer Hand um die entstandene Tüte ebenfalls zur Spitze C führen. Die Spitzen A und B so zusammenziehen, dass sie genau voreinander stoßen.
. Die aufeinander liegenden Spitzen 3 x nach innen knicken, damit die Tüte zusammenhält.

Die temperierte Kuvertüre in die Spritztüte geben. Das Tütchen von oben nach unten durch mehrmaliges Falzen verschließen, überstehende Ecken nach vorne umknicken und zunächst ein kleines Stückchen der Tütenspitze abschneiden. Durch die entstandene Öffnung die Kuvertüre spritzen. Ggf. die Spitze nochmal etwas größer abschneiden.

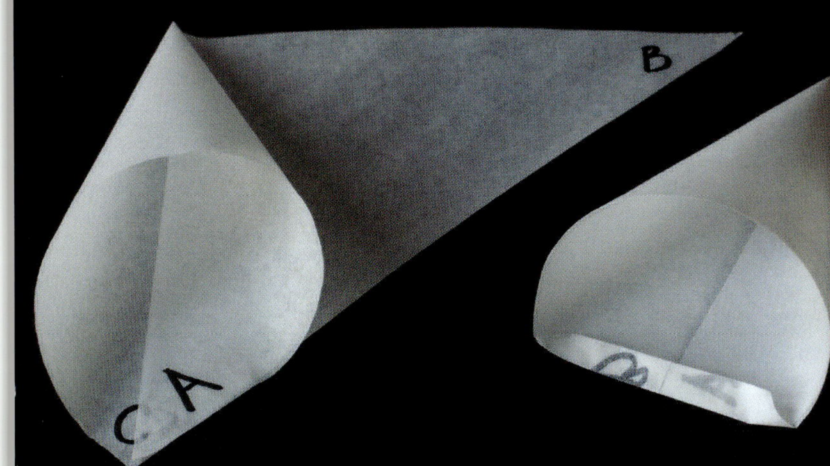

CASSISTORTE

30

BUTTERCREME MIT BROMBEEREN, BLAUBEEREN & CASSISLIKÖR

30

GETROCKNETE BANANEN FÜR MENDIANTS

70

60

GEFRIERGETROCKNETES OBST ZUR DEKORATION FÜR EIS & MENDIANTS

70

ESSBARE ZUCKERKBLÜTEN ZUR DEKORATION

12

SCHOKOLADENMÜRBETEIG

16

REZEPTREGISTER

Rezeptregister

Muffin siehe Seite 12

Bibliografische Information Der Deutschen Bibliothek
Die Deutsche Nationalbibliothek verzeichnet diese Publikat
in der Deutschen Nationalbibliografie;
detaillierte bibliografische Daten sind im Internet
über http://dnb.d-nb.de abrufbar.

ISBN 978-3-7308-1864-0

Gedruckt bei Isensee in Oldenburg

Folgen Sie Nele Popken auf Instagram und ihrem Blog:

NELES KITCHEN
neleskitchen.de
Instagram

Gralf Popken fine art photography

ANKE WRAGGE WERBEBÜRO
Bad Zwischenahn